Ler e brincar,
tecer e cantar

Ler e brincar, tecer e cantar

Literatura, escrita e educação

Yolanda Reyes

TRADUÇÃO Rodrigo Petronio

 **gato letrado**

LER E BRINCAR, TECER E CANTAR – LITERATURA, ESCRITA E EDUCAÇÃO

© edição brasileira: Editora Pulo do Gato, 2012
© Yolanda Reyes Villamizar
representada por AMS Agenciamento Artístico, Cultural e Literário Ltda.

COORDENAÇÃO EDITORIAL Márcia Leite e Leonardo Chianca
DIREÇÃO EDITORIAL Márcia Leite
INDICAÇÃO Dolores Prades
TRADUÇÃO Rodrigo Petronio
PREPARAÇÃO DA TRADUÇÃO Isabella Marcatti
REVISÃO Ana Luiza Couto
PROJETO GRÁFICO E DIAGRAMAÇÃO Mayumi Okuyama
IMPRESSÃO Eskenazi

A edição deste livro respeitou o novo
Acordo Ortográfico da Língua Portuguesa.

Dados Internacionais de Catalogação na Publicação (CIP)
(Câmara Brasileira do Livro, SP, Brasil)

Reyes, Yolanda
Ler e brincar, tecer e cantar – Literatura, escrita e educação
/ Yolanda Reyes – Tradução: Rodrigo Petronio; São Paulo:
Editora Pulo do Gato, 2012.

Título original: Leer y jugar, coser y cantar: literatura,
escritura y educación
ISBN 978-85-64974-25-8

1. Crianças – Livros e leitura 2. Literatura infantojuvenil
3. Pedagogia 4. Sala de aula – Direção I. Título.

12-04854   CDD-371.3

Índice para catálogo sistemático:
1. Literatura infantojuvenil: Aplicação em sala de aula:
educação   371.3

1ª edição • 5ª impressão • janeiro • 2021
Todos os direitos desta edição reservados à Editora Pulo do Gato.

pulo do gato | Rua General Jardim, 482, CONJ. 22 • CEP 01223-010
São Paulo, SP, Brasil • TEL.: [55 11] 3214 0228
www.editorapulodogato.com.br

Sumário

6 *A literatura no reino da linguagem*
por Marisa Lajolo

PARTE 1 LITERATURA E EDUCAÇÃO

16 O lugar da literatura na educação

30 As fronteiras incertas da literatura… juvenil?

PARTE 2 ESCRITA E EDUCAÇÃO

44 Ler e brincar, tecer e cantar: apontamentos a partir de oficina de criação literária

54 Escrever para os jovens na Colômbia

86 SOBRE A AUTORA

A literatura no reino da liguagem

por Marisa Lajolo

Não faltam, atualmente, eventos, iniciativas, campanhas e similares formas de promoção da leitura. Multiplicam-se também ensaios, livros e revistas que discutem literatura, leitores e práticas leitoras. Em todo o planeta, inclusive neste pedacinho dele que Oswald de Andrade definiu como

> América do Sul
> América do Sol
> América do Sal.

Neste cenário em que a leitura parece ser feérica protagonista, destaca-se este livro que o leitor tem em mãos. Assina-o Yolanda Reyes, escritora colombiana, já conhecida do público brasileiro por seus livros que por aqui circulam como, entre outros, *Uma cama para três*, *A Casa imaginária* ou *Um amor grande demais*.

Os quatro ensaios aqui reunidos foram produzidos em diferentes situações e para diferentes públicos, mas todos eles têm muito a dizer a nós, brasileiros, desta segunda década do século XXI. Como dizia um velho marinheiro, personagem de um antigo livro português, os textos que este livro reúne vêm de um *"saber só de experiências feito"*. Sábia e experiente Yolanda! Sabedorias e experiências variadas: de mulher, de cidadã colombiana, de professora, de escritora, de mãe.

Mas talvez seja, sobretudo, nas experiências de uma *leitora* que *Ler e brincar, tecer e cantar* deita suas raízes.

As múltiplas e ricas experiências de Yolanda Reyes — que afloram, luminosas, em diferentes passagens desta coletânea — familiarizaram-na intimamente com o mundo da linguagem, o qual ela percorre em todos seus paralelos e meridianos: por baixo e por cima, do direito e do avesso, por dentro e por fora.

Este mundo da linguagem — tema e assunto de todos os textos aqui reunidos — é o mundo de onde vêm e para onde vão os livros. Ou seja: é — por excelência — o mundo da literatura.

Para Yolanda, o mundo da linguagem é como uma pele que nos reveste, a morada que habitamos, pela qual percebemos o mundo que nos rodeia, pela qual lhe atribuímos sentidos, nos expressamos e nos colocamos nele.

É neste mundo que existe a literatura. É neste mundo de palavras e de silêncios, de morte e de renascimento, que a literatura constrói seu sentido mais humano:

> Tal como, algumas vezes, temos de ser obedientes ou literais, e outras necessitamos analisar com exatidão textos científicos e acadêmicos, da mesma forma precisamos de ferramentas para fazer leituras livres e transgressoras. ("O lugar da literatura na educação")

A literatura é essa ferramenta: literatura não se faz com boas intenções, não tem compromissos com modismos, não é para dar lições de vida, e muito menos para reforçar conteúdos escolares.

Literatura é linguagem.

Pois, na leitura da literatura, o leitor passa a viver um

> [...], mundo que só existe na linguagem, mas que deve se sustentar como se sustenta o mundo real; construir um *como se*, como quem constrói uma ponte entre duas margens, e ter esse misto de paciência e de irresponsabilidade que as crianças têm quando brincam, para localizá-lo

e povoá-lo e habitá-lo até as últimas consequências...
("Ler e brincar, tecer e cantar: apontamentos a partir de oficina de criação literária")

Os ensaios de Yolanda nos recordam disso a cada linha. Entranham em nossa pele este mundo de palavras e de silêncios, de realidade e de imaginação, de ritmos, de intervalos e pausas, através do qual inventamos: *como se...*

◆

A primeira vez que li os ensaios que este livro reúne, eu estava em trânsito por estradas do interior paulista, indo e vindo de uma banca de tese. Lia, me encantava, suspendia a leitura, espetava os olhos nos verdes dos canaviais que margeavam a estrada. Ao mesmo tempo sorria e tinha vontade de chorar: texto irrepreensível, tão verdadeiro e ao mesmo tempo tão inesperado...

O texto de Yolanda Reyes envolve. Arrebata. Mergulho nele de cabeça. E componho estas mal traçadas — não mais em trânsito — mas como quem volta a si de uma vertigem. Talvez a leitura tenha sido tão vertiginosa porque o que Yolanda diz vai fundo, muito fundo, nas raízes do ato de escrever e de ler, nos reinos da linguagem:

◆

[...] àquilo que a linguagem não nomeia torna-se difícil de atribuir estatuto de existência. ("Escrever para os jovens na Colômbia")

Ao longo dos quatro ensaios, uma ideia/tese vai se insinuando, irresistível: ler é bom quando é uma forma de reescrever o que se lê, sendo esta reescritura uma forma de vestir-se de palavras, de tomar posse da linguagem, de compor novas faces, braços e pernas, de ensaiar novas formas de estar no mundo e de interagir com ele.

Penso que Yolanda propõe que leiamos a literatura não como uma introjeção absoluta do que se lê naquilo que está escrito (*Não, não sou Chapeuzinho Vermelho, nem a madrasta malvada!*). Mas como uma consentida, provisória, vicária e ficcional experiência de outras identidades, a partir das quais voltamos à nossa renovados e fortalecidos. (*Hoje serei o Lobo Mau! E amanhã — quem sabe? — vou ser Peter Pan!*)

E embora ler literatura não transforme o mundo, pode fazê-lo ao menos mais habitável, pois o fato de nos vermos em perspectiva e de olharmos para dentro contribui para que se abram novas portas para a sensibilidade e para o entendimento de nós mesmos e dos outros. ("O lugar da literatura na educação")

É por que para falar de literatura Yolanda remonta à capacidade humana da fala, que este livro — como foi dito antes — se destaca no panorama contemporâneo em que a leitura está em pauta, em todas as claves: na pedagógica, na legislativa, na política e na empresarial.

Uma das mais promissoras tendências contemporâneas dos estudos da linguagem postula como *inata* a capacidade humana de linguagem. Homens e mulheres nascem *programados* para aprendizagem e uso competente de todas e de quaisquer das línguas naturais.

O fascínio de adultos que observam a aquisição de fala em uma criança talvez se deva à intuição — ainda que inconsciente — de que em cada criança que aprende a falar, testemunhamos momentos muito especiais da construção do ser humano: nascemos para falar e para, falando, atribuirmos sentido ao mundo em que vivemos. É para atribuir sentido ao mundo que nos valemos das linguagens: particularmente da linguagem verbal, para cujo domínio estamos geneticamente aparelhados.

A cada criança que aprende a falar uma língua, o mundo da linguagem se reconstrói. E a cada leitura (no avesso da escrita) de um texto literário reexperimentamos e testamos — como fizemos, enquanto aprendíamos a falar — os limites da liberdade e da criação (e no lado do avesso, as constrições) que cada língua oferece a seus falantes.

Momento supremo, como diz Yolanda:

> Um diálogo interior com o melhor e o pior de nossa condição humana para dizer as coisas de outra maneira, de mil maneiras, e fazê-las compreensíveis e enfrentar a incessante tarefa humana de construir significado.
> ("Escrever para os jovens na Colômbia")

E não é assim mesmo?
Acho que é...

abril de 2012

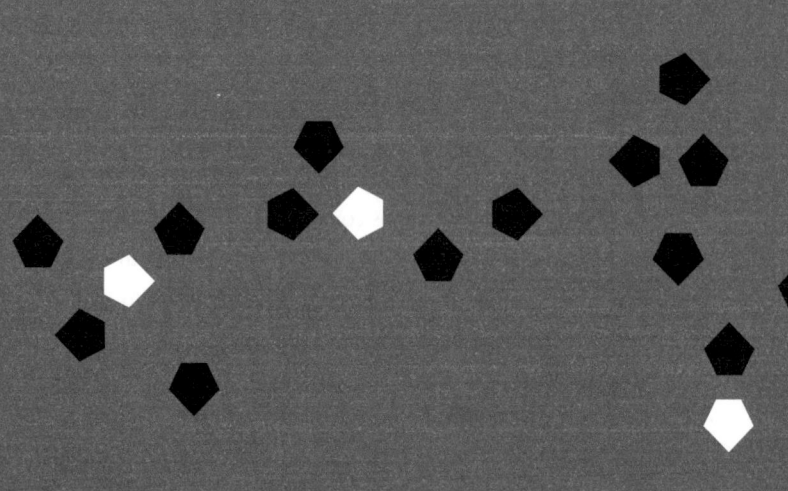

* As conferências aqui reunidas foram apresentadas e reescritas mais de uma vez pela autora, em um movimento contínuo de revisão e atualização de suas reflexões sobre os temas ora publicados.

PARTE 1
Literatura e educação

O lugar da literatura na educação*

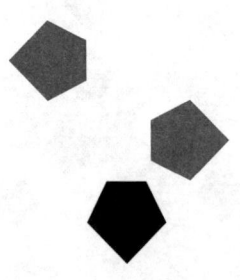

* Esta conferência foi lida pela primeira vez no "Seminário de Formação de Leitores", organizado pela Fundação "Taller de Talleres", no Teatro do Parque Nacional de Bogotá, Colômbia, em 1997.

I. LITERATURA: PARA ALÉM DAS DEFINIÇÕES

Costuma-se dizer que a literatura é a "arte que emprega como meio de comunicação a palavra falada ou escrita". Diz-se também que ela é "o conjunto de obras literárias de uma nação, de uma época ou de um gênero". Começo transcrevendo essas típicas definições de dicionários escolares para me referir a uma crença, ainda vigente em nossas práticas e currículos acadêmicos, segundo a qual o que se *deve saber* de literatura é muito daquilo que sobra e pouco daquilo que basta; ou seja, definições e rótulos. "O dever antes da vida"[1], como disse um de nossos homens ilustres. Primeiro, a letra morta; depois, quando tivermos

---

1 "Deber antes que vida", da estrofe do Hino Nacional colombiano. Refere-se a Antonio Ricaurte, que perdeu a vida na Batalha de San Mateo, ao optar por queimar-se vivo em um alojamento cheio de munições, a fim de impedir que os espanhóis tomassem o local. [N.E.]

aprendido o bastante, e se for o caso, virá o prazer... O problema é que *depois* pode ser demasiado tarde. A literatura, assim ensinada, não costuma dar segundas oportunidades.

Em seu *Curso de literatura europeia*, Vladimir Nabokov[2] disse que "tudo o que vale a pena é, de certo modo, subjetivo". Atrevo-me a acrescentar que, até agora, não encontrei em nenhum dicionário um lugar para o subjetivo. E esse é o problema para o qual gostaria de chamar a atenção daqueles que leem estas páginas. Em nosso contato escolar com a literatura, todos nós tivemos a oportunidade de aprender um sem número de dados, datas, listas de obras e autores. E, infelizmente, com essa aprendizagem, incorporamos também uma lição não tão explícita quanto as definições do dicionário, mas provavelmente tão contundente quanto: a linguagem é uma espécie de retórica oficial; uma retórica alheia à vida e às palavras que nos constituem — as palavras subjetivas e emaranhadas com que expressamos nossa experiência vital.

As manifestações dessa lição começam a ser vistas com clareza desde os primeiros anos da educação primária e costumam se consolidar ao longo da educação

---

2 Vladimir Nabokov. *Curso de literatura europea*. Editora Bruguera, 1983. [N.A.]

secundária. Os diversos tipos de escritos produzidos pelos alunos são testemunhas do divórcio entre literatura e vida: de um lado, os diários íntimos, as notas e os bilhetes com mensagens de amizade ou amor trocadas pelos jovens, as letras das canções da moda, os papeizinhos que circulam clandestinamente durante as aulas e aos quais agora se unem outros, que vão à velocidade do *Messenger*. De outro, indiferente, segue fluindo o jargão oficial: o resumo de livro, a redação insossa sobre as férias, as análises literárias e até os contos escritos a pedido do professor, que raras vezes conseguem se afastar do estereótipo e ir em busca de uma voz interior para expressar emoções verdadeiras. A máscara da linguagem escolar serve quase sempre para nos encobrirmos e quase nunca para nos revelarmos, a nós mesmos ou aos outros.

É como se existissem duas linguagens paralelas ou, pior ainda, dois mundos paralelos. (De novo, voltamos às definições escolares: "Linhas paralelas são aquelas que, por mais que se prolonguem, nunca chegam a se encontrar".) Talvez por isso as férias sejam uma coisa e a redação sobre elas, outra, muito diferente. Provavelmente por isso também um aluno pode passar anos inteiros escrevendo dia após dia para o mesmo professor sem que nenhum dos dois consiga, por meio da escrita, estabelecer uma conexão pessoal. Assim, todos, alunos e professores, vão se resignando a trocar palavras vazias, definições de dicionário, com significados "objetivos", assépticos, livres de equívocos e suficientemente gerais para evitarmos o trabalho de dizer algo pessoal.

Se existisse um dicionário no qual nos dissessem o que *não* é literatura, seguramente descobriríamos que literatura não é o argumento, nem os personagens, tampouco os significados que lemos. Além disso, tudo parece indicar que as definições pouco ajudam quando se quer aprofundar de verdade um tema, sem a urgência de fazer uma prova escolar. O poeta Rainer Maria Rilke[3], que passou a vida lendo e escrevendo, nos diz que:

> [...] as coisas não são todas tão compreensíveis nem tão fáceis de se expressar quanto geralmente nos fizeram crer. A maioria dos acontecimentos são inexprimíveis; ocorrem no interior de um recinto no qual jamais palavra alguma adentrou. E mais inexprimíveis do qualquer outra coisa são as obras de arte.

3 Rainer Maria Rilke, *Cartas a um jovem poeta*. Rio de Janeiro, Editora Globo, 2001. [N.E.]

Poderíamos continuar tecendo essa conversa com escritores de épocas e lugares distintos até nos depararmos com uma dolorosa certeza: não é fácil escrever, nem expressar-se, tampouco traduzir em palavras um mundo interior para comunicar a outros seres humanos, que têm, por sua vez, mundos interiores próprios, uma mínima parte do que queremos. E, do mesmo modo, pode não ser fácil para o leitor penetrar nesse mundo de palavras, nessas marcas deixadas por outro em um papel depois de um processo de criação árduo e complexo. De onde surgiu, então, esse consenso escolar que obriga todos a sublinharem a mesma coisa em um mesmo parágrafo de um conto, a entenderem rapidamente as mesmas ideias principais e a enxergarem todas as obras a partir de um mesmo ponto de vista? De onde surgiu esse desprezo que a educação nutre pelo subjetivo, o inefável, pelo que não pode ser definido nas linhas de um dicionário?

Atrevo-me a pensar que há um pouco de arrogância nesse equívoco. Porque, em nossa concepção de ensino, pede-se ao professor que seja capaz de controlar, planificar e avaliar o processo de aprendizagem durante todas as etapas, do princípio ao fim, sem que nada fuja ao controle. Essa concepção, herdada da tecnologia educativa, supõe que, quanto mais a curto prazo forem os objetivos que se proponha um professor e quanto mais se materializarem em indicadores concretos, mais fáceis serão de ver, comprovar e avaliar em termos quantitativos tais objetivos. De alguma maneira, a "eficácia" do professor ainda é estimada em função do *quanto* de aprendizagem consegue demonstrar que seus alunos *obtiveram*. O que não é visível, mensurável e observável não dá pontos. O que sai da resposta esperada não vale. O que se passa fora da classe não conta. Os processos que se concluem depois de finalizado o ano letivo ou as revelações que vão surgindo paulatinamente a um ser humano, ao longo de uma vida, graças, talvez, à influência de um bom professor ou ao encontro com um livro definitivo não se qualificam.

Se já esboçamos que a literatura trabalha com toda a experiência vital de um ser humano — e não só com o pedacinho que se pode medir —, podemos imaginar quão pouco essa linguagem representa para um sistema pedagógico baseado em perguntas fechadas do tipo "múltipla escolha". As provas do do PISA, que o mundo todo conhece e que fazem tremer os professores, são um exemplo típico dessa concepção de literatura tomada do dicionário. O pior dos leitores poderia escolher o item "certo", ao passo que Rilke, com todas suas dúvidas e incertezas, não chegaria a um "aceitável".

II. CASAS DE PALAVRAS

Pensemos, por um instante, na essência da linguagem literária e tratemos de situá-la no contexto mais amplo da comunicação humana. Cada um de nós possui uma língua determinada para expressar seu mundo interior e para se relacionar com os outros. Em nosso caso, pertencemos à comunidade linguística que fala castelhano. O castelhano tem um código próprio, um sistema de signos que permite a todos os falantes nomear, com certos rótulos, algumas imagens mentais ou alguns significados determinados. Isso garante que possamos compartilhar, de certa forma, um código comum. De fato, se escrevo *casa*, posso ficar segura de que todos vocês, que compartilham o uso da mesma língua, evoquem em sua mente o conceito de *casa*. Todavia, nenhuma das imagens mentais que vocês formarem corresponderá ao significado *standard* do dicionário. Haverá mansões, apartamentos ou casas de campo; algumas serão grandes e outras, pequenas. Muitos irão mais longe e associarão a palavra a um cheiro particular, a certa sensação de segurança ou de calor do lar, a uma saudade ou a seus próprios segredos. E isso ocorre porque todos nós vivemos em casas distintas.

Vamos nos valer dessa imagem para ilustrar nossa relação com a língua: cada um constrói sua própria casa de palavras. Temos um código comum, digamos que são os materiais e as especificações básicas. Mas cada ser humano vai se apropriando do código por meio de suas próprias experiências vitais e costuma produzir seus significados para além de um dicionário, mediante uma trama complexa de relações e de histórias. Assim, sob os rótulos, a linguagem que habitamos oculta zonas privadas e pessoais. Junto a essas zonas iluminadas existem grandes zonas de penumbra.

Que significado tem tudo isso para o ensino da literatura? Nada mais nada menos do que o reconhecimento dessas zonas. Procuremos entender: ler um manual de instruções para instalar um forno não é o mesmo que ler um poema, e se a escola não se dá conta dessa sutileza continuará ensinando a ler todos os textos a partir de uma mesma postura.

É certo que, para ligar um forno, devem ser seguidos, de maneira literal e obediente, alguns passos, pois, do contrário, pode haver um curto-circuito. Entretanto, é igualmente certo dizer que, no caso do poema, são a liberdade do leitor e, de certa forma, sua desobediência ao sentido literal das palavras que lhe permitem "compreendê-lo" em toda a sua dimensão. Embora em ambas as leituras falemos em *compreender*, o tipo de compreensão que se estabelece é muito distinto. Para entender o poema, é preciso conectá-lo a sensações, emoções, ritmos interiores e zonas secretas. Se não nos permitirmos explorar essas zonas de penumbra e ambiguidade da linguagem, esse poema não nos dirá nada. Assim, responderemos qual é seu tema ou quando nasceu seu autor, e identificaremos se tem rimas assonantes nos versos pares.

Apesar de essas duas leituras compartilharem muitas palavras e signos, há algo nelas que nos faz, como leitores, entrar em dinâmicas diferentes. E a escola, que fique claro, deve ensinar a ler de todas as formas possíveis e com diversos propósitos. Pois precisamos seguir instruções cada vez mais complexas, não só para instalar um forno, mas para que uma espaçonave possa decolar e explorar lugares remotos, por exemplo. Porém, também necessitamos, e cada vez com maior urgência, explorar o fundo de nós mesmos e, a partir dessa região, nos conectarmos com os outros, iguais e diferentes, que compartilham conosco as raízes humanas. Tal como, algumas vezes, temos de ser obedientes ou literais, e outras necessitamos analisar com exatidão textos científicos e acadêmicos, da mesma forma precisamos de ferramentas para fazer leituras livres e transgressoras.

Ao indagar a fundo essas "casas de palavras", a literatura deve ser lida — vale dizer: sentida — a partir da própria vida. Quem escreve deve estrear as palavras e reinventá-las a cada vez, para lhes imprimir sua marca pessoal. E quem lê recria esse processo de invenção para decifrar e decifrar-se na linguagem do outro. É esse o processo complexo que implica, para dizer o mínimo, dois sujeitos, com toda a sua experiência, com toda a sua história, com suas leituras prévias, com suas sensibilidades, com sua imaginação, com seu poder de situar-se para além de si mesmos. Trata-se de uma experiência de leitura complexa e, deve-se dizer, difícil. Mas passível de ser ensinada. E, para ensiná-la, convém partir de sua essência.

Caberia, então, promover uma pedagogia da literatura que desse vazão à imaginação dos alunos e ao livre exercício de sua sensibilidade, para impulsioná-los a ser *re*criadores dos textos. E, aqui, falo de recriar no sentido de reconstruir o processo criador. Isso implica reconhecer um caminho seguindo as pegadas do outro. Talvez por isso continue sendo mais fácil ensinar a repetir, a memorizar e a copiar da enciclopédia do que promover o surgimento da voz própria de cada aluno.

III. O QUE A LITERATURA PODE ENSINAR

Nossas crianças e jovens estão imersos em uma cultura de pressa e tumulto que os iguala a todos e que os impede de se refugiar, em algum momento do dia ou, inclusive, de sua vida, no profundo de si mesmos. Daí que a experiência do texto literário e o encontro com esses livros reveladores que não se leem com os olhos ou a razão, mas com o coração e o desejo, sejam hoje mais necessários do que nunca como alternativas para que essas casas interiores sejam construídas. Em meio à avalanche de mensagens e estímulos externos, a experiência literária brinda o leitor com as coordenadas para que ele possa nomear-se e ler-se nesses mundos simbólicos que outros seres humanos construíram. E embora ler literatura não transforme o mundo, pode fazê-lo ao menos mais habitável, pois o fato de nos vermos em perspectiva e de olharmos para dentro contribui para que se abram novas portas para a sensibilidade e para o entendimento de nós mesmos e dos outros.

Precisamos de histórias, de poemas e de toda a literatura possível na escola, não para sublinhar ideias principais, mas para favorecer uma educação sentimental. Não para identificar a moral da história, ensinamentos e valores, mas para empreendermos essa antiga tarefa do "conhece-te a ti mesmo" e "conheça os demais". O objetivo fundamental de um professor é o de acompanhar seus alunos nessa tarefa, criando, ao mesmo tempo, um clima de introspecção e condições de diálogo, para que, em torno de cada texto, possam ser tecidas as vozes, as experiências e as particularidades de cada criança, de cada jovem de carne e osso, com seu nome e sua história.

Um professor de leitura é, simplesmente, uma voz que conta; uma mão que abre portas e traça caminhos entre a alma dos textos e a alma dos leitores. E para fazer seu trabalho não deve esquecer que, para além de professor, é também um ser humano, com zonas de luz e sombra, com uma vida secreta e uma casa de palavras que têm sua própria história. Seu trabalho, como a literatura mesma, é risco e incerteza. Seu ofício privilegiado é, basicamente, ler. E seus textos de leitura não são apenas os livros, mas também os leitores. Não se trata de um ofício, mas de uma atividade de vida. Não figura em dicionários nem nos textos escolares, tampouco no manual de funções, mas pode ser ensinado. E essa atitude será o texto que os alunos irão ler. Quando saírem do colégio e esquecerem datas e nomes, poderão recordar a essência dessas conversas de vida que se teciam entre as linhas. No fundo, os livros são isto: conversas sobre a vida. E é urgente, sobretudo, aprender a conversar.

As fronteiras incertas da literatura… juvenil?*

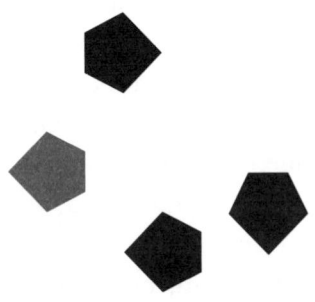

* Esta palestra foi lida no Congresso Iberoamericano de Língua e Literatura Infantil e Juvenil (CILELIJ), organizado pela Fundação SM, em Santiago de Chile, em 26 de fevereiro de 2010, às vésperas do terremoto que abalou o país.

À alegria pelo convite para participar deste congresso sobreveio uma preocupação relacionada a certo "complexo de identidade" que, arrisco generalizar, talvez os autores agrupados nesta mesa sobre literatura juvenil compartilhem. As referências dadas pelos organizadores (o humor de Hinojosa, o realismo social de Jordi Sierra i Fabra[1], para citar alguns nomes de que me lembro) aumentavam minha preocupação, pois pareciam sugerir tendências mais definidas do que as que acompanhavam meu nome: "Yolanda Reyes: temas juvenis". (Por acaso existe algo chamado "temas juvenis"?, perguntei-me.) Essa primeira aproximação que pretendia dar conta de um crisol de vozes suficientemente representativo para arriscar

---

1 O escritor mexicano Francisco Hinojosa e o espanhol Jordi Sierra i Fabra. [N.E.]

linhas e tendências na atual literatura juvenil ibero-
-americana tinha colocado o dedo em uma antiga
ferida minha, nessa sensação crescente de não me
encaixar em nenhum lado: a mesma de Alice, quando embebe bolachas em elixires para adentrar outros
mundos, e quase nunca acerta, ou a do Patinho Feio,
quando foge de casa em busca de uma pista que o
faça se sentir parte de alguma taxonomia animal e
não encontra nenhuma família que o aceite.

Aqui se torna inevitável a referência a minha vida
privada. Por ser metade professora e metade escritora
e, ultimamente, para colocar mais lenha na fogueira,
colunista de um jornal colombiano, carrego e culti-
vo uma deformação profissional à qual atribuo o
fato de não saber muito bem onde me situar. Posso
começar uma manhã preparando sopas de limão
em xícaras de mentirinha com crianças que têm,
no total, dois anos de experiência de vida; sair para
uma reunião com jornalistas para discutir a situação
de meu país — que não é precisamente um conto de
fadas —; e voltar para realizar encontros com gente que não existe e que me espera no romance que
comecei a escrever. Que bom: está escrevendo outro
romance, costumam me animar os amigos. É infantil,
juvenil ou adulto? Para complicar a situação, o último

romance publicado se situa na definição "para adultos", e o que começo a escrever agora terá de enfrentar a questão do rótulo quando chegar à mesa do editor. Talvez essa sensação de estar em trânsito entre uma vida e outra, entre um público e outro, seja o que me impulsiona a escrever literatura.

E digo escrever literatura porque quero destacar que se trata de um campo diferente do que se costuma denominar não ficção — um ensaio, uma coluna de jornal —, no qual é comum ter um pouco mais claros os enquadramentos. Isso não quer dizer que, nesse caso, se parta de A para chegar a B, sem acolher a mesma incerteza que nos impulsiona a escrever para revelar o que é aquilo que não sabemos que pensamos. Todavia, na escrita literária, esse traço se exacerba e, de certa maneira, é essa incerteza da busca que, em meu caso pessoal — na escrita literária só se pode falar de "caso pessoal" —, desfruto com toda a carga masoquista que possa caber nesse vocábulo.

Sob o risco de discordar de quem associa meu trabalho a "temas juvenis", confesso que, em meu caso pessoal, não penso em temas e me atrevo a sugerir que não são os temas que definem o processo de escrita. Além disso, tampouco "penso", em um sentido estritamente racional, mas, sim, percebo e exploro certos detalhes: uma foto instantânea, um buraco negro, uma dor, um mal-estar, um cheiro... E começo a abraçar esses detalhes, a preencher os vazios com a linguagem, como quando olhamos um álbum de família e damos vida a cenas congeladas, à custa de palavras. Minha marca, supondo que eu tenha alguma, poderia ser essa fascinação por mover-me nas margens que separam e, por sua vez, articulam as transições entre uma vida e outra. Talvez em razão de minha incapacidade para decidir, eu tenda a captar as pessoas no interior de um tempo que muda ou, mais precisamente, naquilo que está prestes a mudar: de inverno a primavera, de uma beira a outra do oceano, do sol radiante ao dilúvio, da composição escolar às férias. Digamos que eu gosto das dobradiças e, nesse sentido, o tempo de crescer, ou melhor, os tempos de crescer me soam atrativos: de bebê a criança, da infância à adolescência, da adolescência à juventude, da juventude à maturidade. Nessas zonas intermediárias que se estendem, por exemplo, no "estar sendo criança", mas não o suficiente para intuir a catástrofe existencial que se aproxima, no estar parado em uma bordinha da adolescência sabendo que o vento está prestes a mudar e que será preciso decidir — ou assim pensamos — o que seremos na vida, nesse trânsito entre a consciência de "estar sendo feliz" e o pressentimento de uma nuvem que passa: em todas essas sensações, nada dramáticas, mas dramas terríveis, que ocorrem enquanto vivemos vidas cotidianas, parecem se mover minhas ficções.

Algumas são rotuladas de juvenis e são lidas pelos jovens, mas não sei se é porque abordam "temas juvenis". Supondo que esses temas existam, como delimitaríamos as fronteiras? Poderíamos expedir-lhes identidades, como acontece na vida real quando completamos dezoito anos? Em meu caso pessoal, o único de que me sinto *autor-izada* a falar, não estou interessada em temas, senão em certas experiências que me inquietam e que foram configurando um mundo: por exemplo, em uma conversa que ocorre na mesa ao lado, entre a sobremesa e o café, quando a mulher diz a seu marido "quero me separar de você" e, enquanto o mundo desaba, irrompe o garçom com a bandeja de café e pergunta: "Para quem é o curto?". Ou na conversa entre duas meninas de doze anos que acabo de captar, acidentalmente, na piscina de um hotel: uma é mexicana, e a outra, peruana. Sua relação começa com uma aposta para medir o tempo que aguentam debaixo d'água

(*Tin marín de do, pingüé...*).² Da cultura oral, passam ao território comum do Facebook e do Twitter, e o paroxismo de sua amizade se dá quando falam de um cantor da moda. "Eu tenho o vídeo", diz uma à outra, e cantam e fazem a coreografia. Depois de meia hora compartilhando referências virtuais, a mexicana menciona um primo que tem a ver com a Nicarágua. E a peruana lhe pergunta: "Nicarágua? O que é Nicarágua?".

Provavelmente essas duas meninas pertencem à categoria chamada "leitores juvenis" e quem sabe alguma vez leiam um romance de algum de nós que aqui estamos, embora as suas coordenadas e as nossas sejam tão desconhecidas como pode ser para elas "Nicarágua". E, todavia, talvez haja certos assuntos que, para além do Twitter ou do herói da moda, nos "globalizam", a elas e a nós, sob o conceito genérico de "gente". Não importa de que idade: gente, simplesmente.

O fato de compartilhar tantas horas ao lado desses terríveis adolescentes de dois anos, que deixam de ser bebês para serem crianças e querem fazer tudo "sozinhos", me levou a desconfiar do que chamamos de temas juvenis — ou adultos ou infantis — e me

---

2 *Tin marín de do, pingüé*: jogo lúdico-fonético, sem sentido preciso. [N.T.]

ensinou isso que repetimos como um lugar-comum, embora não deixe de ser verdade: que todos nós viemos da infância; que a infância é a primeira pátria das mesmas perguntas essenciais, dos porquês — por que você se vai, por que me deixa só, em meio a tanta escuridão, com tantos monstros, bruxas e dragões e coisas que não entendo? Talvez o tempo de crescer — porque sempre crescemos, inclusive quando começamos a encolher — seja um *leitmotiv*, não da literatura juvenil, senão da própria literatura. Porém, permitam-me um matiz: crescer não é avançar em linha reta — como os gráficos de peso e altura que fazem os pediatras —, mas acolher saltos, continuidades, avanços, retrocessos. Pois, segundo Sandra Cisneros,[3] cresce-se como a cebola... ou como essas pequenas bonecas de madeira que se encaixam umas dentro das outras: um ano se encaixa no seguinte e ambos se acumulam no vivido. E assim, todos os tempos, ao mesmo tempo, 11 e 15 e 50 e 2 e 25 e 9, e somos adultos e crianças ao mesmo tempo, e prestes a mudar, sempre e mil vezes.

---

3 A escritora americana de origem mexicana Sandra Cisneros. Trecho adaptado de "Eleven", em *Woman Hollering Creek and Other Stories*. New York: Random House, 1992. [N.A.]

Essa ideia de que as crianças são gente e não uma tribo estranha que abandonamos depois do tempo de crescer matiza aquela dos rótulos editoriais: literatura para crianças? Literatura para adultos? Literatura senil? A vida é a matéria-prima com a qual se fabricam as ficções, é menos clara e menos suscetível de ser organizada por ordem de estatura. E se ler é tentar nos decifrar nesse texto escrito a tantas mãos, por aqueles que não mais estão, por nós que estamos, pelos que ainda não foram e vislumbramos, escrever é tratar de acrescentar alguma linha ao texto coletivo. É dar, se for o caso, um ponto nessa conversação. E é arriscar a voz particular.

A voz particular? Talvez como fazem as crianças quando brincam de ser outros e falam com vozes de pessoas que conhecem para saberem quem são, sem nunca saber totalmente, escrever é explorar nosso registro para saber quem somos, ou ao menos, tentar. Mas não é que o autor decida simular a voz de uma criança ou de um adolescente, e sim revisitá-la: reconstruí-la. Nem é o contrário: que primeiro construa o personagem e depois lhe dê uma voz, como cremos, equivocadamente, que a fada fez com Pinóquio. Eureca! Talvez seja como o caso de Pinóquio: a voz e o personagem vão se fazendo com o tempo, rio e leito. Vamos atrás de um rastro, de uma cena, de uma pergunta e os povoamos de voz, de personagens e de um mundo que se articula nas dobradiças: tudo ocorre na linguagem e o tempo todo.

Se escrever é transitar pelos múltiplos caminhos da linguagem para indagar nossa própria linguagem, a conversação que se dá com os autores que percorrem caminhos semelhantes ajuda a dar forma à voz e às perguntas. Além de meus colegas de mesa, Ana Maria Machado, Lygia Bojunga, Marina Colasanti, María Teresa Andruetto, Antonio Orlando Rodríguez, também Cortázar, Salinger, Hisham Matar, Paolo Giordano, Carmen Martín Gaite parecem difíceis de encaixar em uma única categoria. Como os amigos íntimos que vamos encontrando ao longo da vida, esses autores e muitos outros, que agora me escapam, me acompanharam a afagar a incerteza e a apostar, a cada novo livro, em uma experiência inédita, que nunca se pode assegurar para que tipo de leitor será.

Recorro às palavras de uma dessas amigas íntimas, um desses "anjos de cabeceira", uma dessas "autoras da guarda", com a qual compartilho a sensação de não pertencimento e de extravio e de quem me sinto como uma irmã literária, embora não a tenha conhecido. Ao comparar a passagem do tempo à de *el escondite inglés*,[4] Carmen Martín Gaite[5] diz que:

> Uma criança se coloca de costas, com o braço contra a parede, e esconde o rosto. As outras ficam atrás, a certa distância, e vão avançando, passo a passo ou correndo. A que tem os olhos tapados diz: "Um, dois, três! Vou pegar vocês",[6] também depressa ou devagar — e nisso está o artifício, cada vez de uma maneira —, e, depois de dizê-lo, volta-se de repente, para ver se surpreende as outras em movimento; aquela que é pega em movimento perde. [...] É um pouco assim, o tempo transcorre furtivamente, dissimulando, não o vemos andar. Mas de repente voltamos a cabeça e encontramos imagens que se deslocaram às nossas costas, fotos fixas, sem referência de data, como as figuras das crianças no esconde-esconde, aquelas que nunca se apreendiam em movimento. Por isso é tão difícil ordenar a memória, entender o que estava antes e o que estava depois.

---

4 Brincadeira infantil que se assemelha ao brincar de esconde-esconde. [N.T.]

5 Carmen Martín Gaite. *El cuarto de atrás*. Barcelona. Destino, 1986. [N.A.]

6 No original: *Una, dos y tres, el escondite inglés*. [N.T.]

Ordenar a memória, preencher vazios, seguir o fio de uma conversação com a literatura de todos os tempos e de todas as idades me ajudou a lidar com a pergunta recorrente: que diabos faço aqui?, e a consolar-me por não saber bem onde me situar. Quem sabe, como diz Carmen Martín Gaite, nessa trajetória entre uma imagem fixa e a seguinte se oculte, além do passar do tempo, o vestígio que pretendemos preencher com as palavras. A aposta do autor é aceitar esse incômodo e permitir-se esse desejo de olhar com outros olhos qualquer tema para explorá-lo na linguagem. E a do editor é arquitetar os caminhos para que o livro chegue aos leitores: a todos os leitores possíveis.

Pessoalmente, como autora, prefiro falar mais de experiências do que de temas. E é pertinente recordar, neste congresso literário, que essa experiência "ocorre na linguagem". Talvez seja isso: filtrar a experiência, decantá-la e expressá-la neste Reino Outro da linguagem, onde é possível ter encontros imprevisíveis com leitores, sem idade nem rosto definido. Com "gente", nada mais: sem atributos especiais.

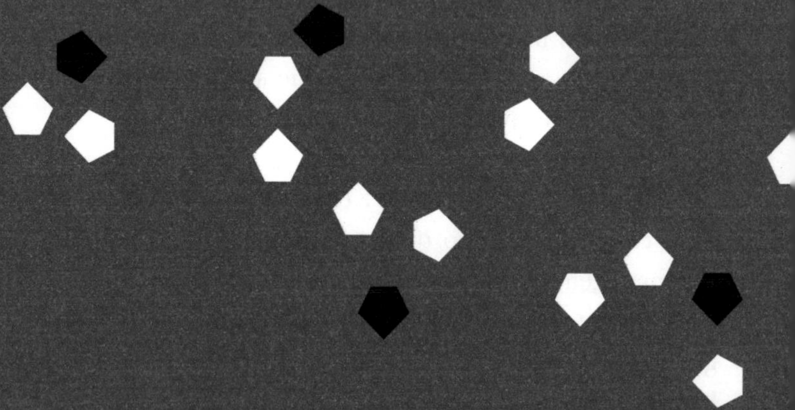

PARTE 2

Escrita e educação

Ler e brincar, tecer e cantar:*
apontamentos a partir de oficina de criação literária**

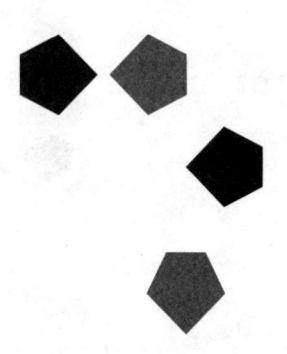

* No original "coser y cantar", expressão idiomática que denota que aquilo que é preciso fazer não apresenta dificuldade.

** Esta conferência foi pronunciada na Biblioteca Nacional da Colômbia, em Bogotá, em outubro de 2007, e posteriormente revisada pela autora como material para seus alunos em oficinas de texto.

O que é necessário para ser escritor? É a típica pergunta que me fazem as crianças quando me convidam para esses típicos encontros escolares com o autor. Costumo responder que são necessárias duas coisas: ler muito — essa primeira parte da resposta deixa seus professores muito satisfeitos —, mas na sequência, e para o regozijo das crianças, acrescento um segundo ingrediente indispensável: é preciso "brincar muito", coisa que, supostamente, todas as crianças sabem e que talvez alguns professores tenham esquecido. Brincar de fazer de conta: "*Digávamos*[1] que você era o cavaleiro e que este pau era o cavalo e

---

[1] No original: *digábamos*. A autora usa um neologismo para criar uma instância ficcional de tempo baseada na maneira como as crianças costumam aplicar as regras regulares de conjugações aos verbos irregulares. Optei por seguir o neologismo em português, traduzindo-o como uma mescla de "digamos" e da estrutura dos verbos regulares do pretérito imperfeito: *digávamos*. [N.T.]

que estávamos passeando, e aqui ficava o rio e, ao lado, era o estábulo". Conto às crianças que eu, como provavelmente elas fazem agora, me recolhia a brincar sozinha por dias intermináveis, mas que quando comecei a crescer, e já não era bem-visto brincar e fazer vozes diferentes, precisei escrever... para continuar falando sozinha.

Nesse *digávamos* oculta-se uma chave da criação artística e por isso, nas oficinas de criação literária, tento criar com meus alunos uma atmosfera propícia para que cada um se conecte com sua necessidade de conjugar o verbo na forma irregular *digávamos*, em toda a sua disparatada incorreção. Ou, dito de outra maneira, para que cada um se permita cruzar essa fronteira difusa que separa o Mundo do Aqui do Mundo-Outro: esse que existe no desejo ou na imaginação ou nos abismos, ou onde quer que cada um o intua, e que há de se converter, por obra e graça do trabalho da escrita, em um mundo consistente de linguagem. Criar um mundo que só existe na linguagem, mas que deve se sustentar como se sustenta o mundo real; construir um *como se*, como quem constrói uma ponte entre duas margens, e ter esse misto de paciência e de irresponsabilidade que as crianças têm quando brincam, para localizá-lo e povoá-lo e habitá-lo até as últimas consequências... Como é possível "ensinar" isso, se ninguém sabe como emerge, se ninguém sabe se funciona e se não existe uma garantia razoável de que funcionará outra vez, supondo que alguém sinta que funcionou em um livro anterior?

A única rota que me ocorreu nesse trabalho intuitivo e sem bússola que é acompanhar outros a escrever foi a de ajudá-los a se sentirem confortáveis com essa necessidade de ter outras vidas e ser outros e falar com outras vozes e contar a si mesmos a história — a própria história —, mas de outra maneira (de mil maneiras). Se, no fundo, nós mesmos constituímos a matéria básica de nossa narrativa, começo por dar a cada um a possibilidade de descobrir sua *própria possibilidade*: não a que agradaria a mim, mas essa que eles mesmos guardam, às vezes, sem crer, às vezes, sem saber, às vezes, sem querer. Nessa história, tão singular como a impressão digital, nesse tom de voz que ninguém mais tem e que quase nunca nos é permitido ouvir em meio ao burburinho e às vozes impostadas, se oculta o ponto de partida da própria criação. Talvez por duvidar de que isso possa ser ensinado, prefiro *desensinar* nas oficinas: tirar as máscaras e os estereótipos, sair das temáticas ou dos estilos que consagraram nossos ídolos da moda, os escritores cultuados ou nossas figuras canônicas; romper, ao menos no começo, com todos os mestres. Porém, matizo a expressão: romper na escrita para buscar a própria voz não significa esquecer o que trazemos. (Ninguém nos tira o lido e, nessa grande urdidura dos textos que nos precedem, dos textos que herdamos, nos situamos na hora de escrever).

Embora o itinerário certamente conjugue a leitura e a escrita durante todos os momentos da oficina, no começo me agrada iniciar a leitura desse livro interior ou dessa "massa amorfa", como gosto de chamá-la, para tranquilizar meus alunos e animá-los a explorar intuições, ainda que não estejam nomeadas com palavras claras. Todavia, uma vez surgida, o desafio seguinte é converter a "massa amorfa" em algo inteligível, não apenas para nós mesmos, mas para os outros. Então, depois de fomentar a irresponsabilidade total, mudo de fisionomia e me transformo em outro personagem e os sobrecarrego de perguntas: história ou poema? Conto, romance, ensaio, crônica...? Onde e o que acontecerá? — se nessa massa amorfa do começo cabem os *ondes* ou há *coisas que ocorrem*. E quem e quando e como se chamavam e como contar (ou expressar ou insinuar ou o que seja), e com que vozes e com que tons...? Nesse ponto do *digávamos* precisamos começar a estabelecer as coordenadas: que aqui era o campo e aqui ficava a casa e aqui viviam assim e assado... E é preciso lhes dar nomes e sobrenomes e idades e sinais particulares. E os personagens vão crescendo e vão falando, e há que se marcar os limites também. O resto é "tecer e cantar": o resto — dificílimo, certamente — é o ofício árduo de escrever, de corrigir, de ler, de reler e reescrever, até que essa intuição obscura resulte *compreensível* para qualquer leitor alheio. Não sei se "compreensível" é a palavra e, por isso, matizo-a. Trata-se de uma compreensão que ultrapassa a lógica convencional e que também tem a ver com envolver, no sentido emocional e visceral, esse leitor desconhecido que deverá situar-se nessas coordenadas do autor... e acreditar nelas!

Então, aperto mais os parafusos e aumento a exigência. E como já conheço meus alunos nesse processo de "lê-los" e de ganhar sua confiança, posso me dar ao luxo de ser um pouco "bruxa" para lhes recordar que não estarão presentes quando soltarem seus textos e que tampouco poderão lembrar a seus leitores que aqui *era* a casa ou que tenham cuidado, pois estão caminhando pelo telhado e não por essa grama que teceram: uma vez escrito, escrito está... e o que não está claro há que se aclarar para que o jogo de habitar o Mundo-Outro, escrito em cifra, consiga se sustentar sem eles, sem os autores. Essa é a diferença em relação à brincadeira das crianças: que o escrito não pode ser deixado pela metade e não depende tampouco do acaso, senão de uma construção paciente e rigorosa. Quem sabe não seja este o outro desafio das oficinas: um por cento de inspiração (a massa amorfa, sem a qual é impossível a escritura), mas noventa e nove por cento de transpiração, como diz algum escritor em alguma das memórias que li e que esqueci.

Todavia, há outra peça que não pode ficar solta: o ofício de escrever, não para nós mesmos, à maneira de "querido diário", mas para sermos lidos por outros que não nos conhecem, requer uma consistência que eu chamo *literária*; uma consistência que se incorpora paulatinamente a nossa sensibilidade e a nossas estruturas mentais, e que vai se sedimentando sem nos darmos conta. Aqui volta a ter importância a parte da minha resposta que tanto regozija os professores, quando suas crianças me perguntam o que é necessário e eu lhes recomendo ler muito. Essas leituras que nos formam — e não apenas as leituras da oficina, mas as que trazemos desde os tempos distantes da infância — nutrem a mente e a imaginação e ajudam a nos mover com certa familiaridade por esses Mundos-Outros de ficção. As maiores dificuldades que costumamos enfrentar, alunos e professores, nas oficinas de escrita têm a ver com a carência desse "treinamento" que proporciona familiaridade com a língua e com suas possibilidades e matizes; que se alimenta a partir da experiência literária e que se incorpora ao pensamento e à sensibilidade, não como uma lista de regras sintáticas, semânticas e convenções ortográficas, mas como um equipamento básico, intuitivo e invisível, como uma segunda pele. Essas estruturas, indispensáveis ao ofício e adquiridas durante um longo tempo de formação, desde a infância até a juventude, resultam difíceis de ser "ensinadas" ou de suprir nas oficinas esporádicas de adultos, e nossa escola, mais orientada para a "redação" — às vezes, nem mesmo para isso — do que para a escrita, tem uma enorme responsabilidade sobre esse aspecto. Se ler é nos introduzirmos nesse texto escrito a tantas vozes, nesse legado cultural que alimenta a cadeia e nos permite agregar apenas umas linhas ao trabalho coletivo, temos de pedir à escola — e gosto de poder dizer isso a partir do ponto de vista da escrita criativa — tudo o que se negou a tantos escritores durante tantas gerações de analfabetismo funcional. Se essa ferramenta que é a língua e se essa "educação sentimental" que se nutre da herança literária — da herança simbólica de nossa espécie humana — se fomentasse em nossas escolas desde a mais tenra infância, estou certa de que teríamos mais possibilidades para explorar a *própria possibilidade* nas oficinas de escrita.

Saber ler e saber brincar, as duas assinaturas básicas do escritor, exigem uma educação que ainda não se introduziu em nosso currículo acadêmico, desde a infância até a vida adulta. (Quão pouco se continua brincando nas escolas — me aproprio da queixa de Gianni Rodari —, que falta de graça no ensino escolar e, sobretudo, no "ensino" do desejo e do prazer que são inerentes à experiência literária.) Sem o desejo de brincar, de montar um mundo e habitá-lo, mas também sem as habilidades para colocá-lo à prova à custa de palavras, de definições, de matizes, de convenções e de emendas, torna-se difícil arriscar a explorar a própria voz. Talvez essas carências contribuam para explicar o abismo entre as histórias de vida que se contam na hora do descanso e as que depois são "redigidas" nas horas de aula. Quem sabe o desafio de acompanhar os outros a escrever seja devolver-lhes, em primeira instância, o desejo de brincar e de resgatar as conexões entre linguagem e vida. Porém, em segunda instância, também há que se assumir o desafio de tecer, ponto por ponto... E, para isso, ajuda muito ter as mãos treinadas.

Se algo o exercício de ler e escrever ao lado das pessoas permite é aproximar-se de formas de pensar e de sentir; esquadrinhar os modos de expressar-se, de narrar-se e de construir a história pessoal e coletiva, que, pensando bem, está intimamente relacionada com a linguagem. Nesse sentido, parece-me que não podemos pedir milagres às oficinas esporádicas de criação literária. O capital simbólico e a alfabetização emocional e criativa constituem o instrumento imprescindível de um escritor, como o são, para o pianista, o treino das mãos ou, para a bailarina, o controle das posturas. Por isso, devemos nos questionar sobre a forma como seguimos ensinando a ler e a escrever; sobre a forma como entregamos a linguagem, que é o pilar não apenas da escrita, senão da invenção de cada ser humano. Além das oficinas de escrita, precisamos estabelecer um diálogo permanente entre o ensino escolar e a escrita criativa, para oferecer maiores possibilidades de explorar, a todos, com todas as ferramentas possíveis, desde a mais tenra infância e ao longo da vida, seus próprios reinos do *Digávamos*.

Escrever para os jovens na Colômbia*

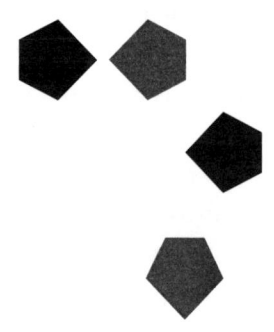

* Esta conferência foi lida em "II Jornadas de Literatura Infantil e Juvenil Latino-americana", organizadas pela Casa América--Catalunya, Barcelona, em maio de 2011.

Sem que eu me dê especialmente conta, a vida vem me levando a combinar o ofício de ler e escrever para as crianças — autora de livros para crianças e jovens, promotora de leitura, de acordo com os nomes oficiais — ao de colunista do jornal *El Tiempo*.[1] E como a tudo acaba sendo dado um nome, me transformei em algo como "a voz das crianças", o que é um clichê, porque nem sempre falo de crianças e muitas vezes trato de esquecê-las para escrever sobre outros temas, para acolher e permitir-me outros registros... Porém, de tanto conversar, brincar, ler com elas e tentar decifrar os murmúrios dos que vão morder livros na *Bebeteca* de Espantapájaros[2] e ainda não têm todas

---

1 Jornal colombiano. [N.E.]

2 Instituto Espantapájaros [Espantalhos] é um projeto cultural de formação de leitores, dirigido não apenas a crianças, mas também a mediadores e adultos. [N.E.]

as palavras, parece que carrego algo de suas vozes, e que se tornaram cada vez mais nubladas para mim as fronteiras entre escrever para crianças e escrever sobre a infância — escrever a partir da infância? Em um país no qual a infância tem toques de tragédia, mas onde se trata disso como se fosse comum, senti a necessidade, quase a obrigação, de recolher e fazer audíveis as vozes das crianças no espaço público, na *pólis*, para contradizer esse olhar de comiseração ou de falsa indulgência que tantas vezes se traduz em frases feitas, como: "Ah, você escreve para crianças, que bonito. Trabalha para crianças, que paciência, que inocência". "Que bom ter uma voz como a sua no jornal", me disse o diretor quando me contratou. "Um enfoque distinto, outro olhar, com tantas notícias tão terríveis"... Talvez tenham lhe escapado certos detalhes: essas *notícias tão terríveis*, em geral, têm como protagonistas as crianças. E outro detalhe: crescer é um traço inerente às crianças. Costumam crescer; isso significa que o que fazemos ou deixamos de fazer por elas constrói o país ao longo de alguns anos.

O fato é que ter algum conhecimento da minha "audiência" me fez pensar em compartilhar certas perguntas sobre o significado de fazer literatura para crianças e sobre o ofício de escrever acerca das crianças na

Colômbia, meu país. Já entrando em questionamentos, poderia me perguntar também o que é, o que significa ser uma "autora colombiana". Por acaso existe essa denominação de origem para englobar um país tão complexo, um país que são tantos países?

Felizmente, quando se escolhe "o ponto de vista do autor", não é necessário dar uma resposta conclusiva, e por isso prefiro formulá-la na primeira pessoa do singular: o que significa, o que significou para mim o fato de contar, falar e escrever em um país chamado Colômbia e, mais exatamente, no centro da Colômbia, em uma cidade chamada Bogotá, que, para todos os efeitos, sobretudo os efeitos políticos, é o umbigo do país? Trata-se apenas de uma localização, de um domicílio?

Ocorre-me que talvez, com todos os matizes pessoais, haja, sim, uma história, um relato de país que, de certa forma, compartilhamos, os grandes e os pequenos, em todos os pontos cardinais de um país, e que pode ser uma marca. No caso da Colômbia, estou falando de certas feridas, reais e simbólicas: de uma longa guerra da qual ainda não nos libertamos e que não só me formou como gente e como autora desde que eu era criança, inclusive desde antes de eu nascer, e que também receberam, como se herda o DNA, as crianças de hoje, as crianças com as quais trabalho.

Devo esclarecer, para nos entendermos, que a palavra *guerra* não tem em meu país esse toque grandiloquente de epopeia, com fanfarras, exércitos, campos de batalha, muito menos com uma data de início e outra de fim, como as que lemos em nossos livros de história de colégio: não estou falando de uma guerra de filme, nem de livro. É mais: seguramente aqueles que estiveram em lugares distintos da Colômbia podem ter-se perguntado onde ela está, pois se mescla com um toque de normalidade, de vida cotidiana, em meio a certa crispação que circula no ambiente, mas que é inapreensível e inefável (posto que não se nomeia na linguagem). E já que estamos falando de linguagem, olhemos as palavras: *guerrilha*, por exemplo, é um diminutivo ou um depreciativo que alude a uma guerra não oficial, à margem da lei, como também estão "à margem" da lei — note-se de novo o simbolismo — os paramilitares. Talvez todas essas palavras, à margem da página, à margem da linguagem, tenham contribuído para que nossa guerra seja tão difícil de nomear; e, como vocês sabem, àquilo que a linguagem não nomeia torna-se difícil de atribuir estatuto de existência. Como a enfermidade que, sem um diagnóstico, é impossível de ser curada, essa guerra marginal, essa guerra paratextual, tende a se confundir com episódios soltos, aleatórios, sem sentido. Entretanto, ainda assim, as histórias de várias gerações foram escritas em meio ao conflito armado, e isso deve nos afetar provavelmente muito mais do que estamos dispostos a reconhecer. O que pode significar, então, retomemos, ter nascido e crescido, ter se formado e trabalhar e escrever em um lugar — não só real, mas também simbólico — onde o discurso visível e invisível está inscrito em circunstâncias de violência?

Embora não seja fácil dar uma resposta, devo reconhecer que não posso ser igual a uma sueca ou a uma australiana, nem como gente nem como escritora, porque a infância de meus pais transcorreu em um período que a história da Colômbia denominou A Violência (com maiúsculas, como quem diz A Colônia[3]), no qual os liberais e os conservadores disputaram a hegemonia à bala. E assim, como alguém poderia contar que foi estudante na Paris de 1968, posso dizer, como muitos colombianos de minha geração, que minha

---

3 A autora refere-se a dois períodos da história da Colômbia: A Colônia (período em que foi colônia espanhola) e A Violência (período de conflito civil entre as décadas de 1948 e 1958). [N.E.]

formação universitária esteve marcada pela tomada guerrilheira do Palácio de Justiça, na qual ardeu não só grande parte da história judicial de meu país, mas também o edifício e, o que é verdadeiramente terrível, a maioria dos magistrados de então. Um país que queimou, entre o fogo cruzado de guerrilheiros e militares, os símbolos da justiça! Talvez se trate de uma ferida e uma culpa que, depois de 25 anos, ainda não foram cicatrizadas; e, se vocês perguntarem aos maiores de quarenta anos, eles poderão dizer que viram as chamas do Palácio de Justiça, seja das janelas de suas casas seja nas notícias...

Queimamos os símbolos do ordenamento judicial, mas sigamos avançando. Minha experiência profissional situa-se entre o assassinato de jornalistas, desde humildes redatores e locutores de província até diretores de jornais influentes, entre as bombas de narcotraficantes como o tristemente célebre Pablo Escobar, entre o extermínio dos líderes da União Patriótica — o partido de esquerda de então, que literalmente desapareceu: foi assassinado, membro a membro — e entre os massacres dos paramilitares, aliados com políticos e narcotraficantes, com a "missão" de nos livrar do horror da guerrilha... com mais doses de horror! As datas de nascimento de meus filhos coincidem com os assassinatos de líderes políticos que aspiravam ser presidente. Criei minhas próprias crianças e as alheias em meio ao fogo cruzado da guerrilha e dos paramilitares, entre os indigentes do semáforo, entre a iniquidade, a culpa de estar bem, enquanto muitos outros estão mal, em meio à incerteza de não saber como dizer, como dar conta do horror, como processar e dar sentido às notícias que ferem as crianças. E esses fatos trágicos, se olharmos bem, não são apenas fatos — corpos e objetos calcinados —, são também fatos simbólicos: as noções de justiça, a liberdade de imprensa, os projetos políticos: tudo feito em pedaços.

Mas olhemos as crianças. Em meu papel de professora e leitora dos menores, tive de explicar a uma menininha de três anos o sequestro de seu pai: "Está em um lugar de onde não o deixam sair; não é que a tenha abandonado, não é que não a ame mais, é que uns senhores não o deixam sair de onde está". ("Por que não o deixam sair? São maus esses senhores?") Acompanhei outra família, durante vários anos, explicando às filhas que o pai estava perdido ("perdido na terra", dizia a menor, que quase não se lembrava dele, pois seu pai tinha desaparecido quando ela era um bebê), e logo tivemos que ajudá-las a entender, em uma linguagem compreensível — por acaso existe uma linguagem compreensível? — que ele finalmente tinha aparecido, mas estava morto. E que não haveria caixão nesse funeral simbólico porque não queriam entregar o corpo.

Tive também de escrever um obituário compreensível — compreensível?! — para as criancinhas de uma creche em memória de sua companheira de quatro anos que havia morrido em um atentado terrorista. O texto se chamava "As pastas de Mariana" e começava com uma frase que recolhi de seus amigos: "Mariana morreu, mas a recordamos em nosso coração". Nesses dias, quando "a terra fez *bum*", nas palavras dessas crianças aturdidas pela bomba, eles evocaram as pastas de sua amiga e suas brincadeiras. Nesses mesmos dias, tive de recomendar um livro para que um menino de doze anos lesse na UTI para sua irmã gêmea, que, com uma perna amputada, debatia-se entre a vida e a morte, ainda sem aceitar que seu pai e sua irmãzinha menor tinham morrido no atentado. Por acaso existe um livro para ser lido em uma UTI para uma menina que acabara de perder sua infância com um *bum*? Note-se também que continuo falando de uma narrativa, porque os fatos, inclusive os mais crus, nomeiam-se em uma cadeia de significado, são ditos por meio da linguagem. Para que pode "servir" a literatura quando a realidade fala uma linguagem distinta: uma linguagem de fato, que nos deixa sem palavras, que faz parecer inútil a mediação das palavras? Depois de dar muitas voltas, mandei a essa menina, como quem envia um *kit* de primeiros socorros com *band-aids* para um câncer, uma bolsa de livros. E logo soube — é uma entre tantas histórias — que nesse quarto asséptico de UTI, entre chiados de máquinas, o irmão chegou com os livros e se sentou em uma cadeira. Tratou de cumprimentá-la e, como a irmã não queria saber de ninguém nem de nada, começou a ler uma história qualquer — qualquer, pois, afinal, dava no mesmo. E contam que a menina continuou lhe dando as costas: não queria ouvir ninguém, nem seu irmão, até que ele se calou. Então, ela voltou a cabeça e, por fim, olhou para ele, para indicar "continue lendo"... E as palavras, essas palavras que não podiam remediar o irremediável, misturaram-se com o chiado artificial das máquinas e com a imagem desse coração que cintilava na tela. A voz humana, a única voz amada que restava, havia tomado conta daquele cubículo e havia uma conexão de coração a coração, que o monitor não chegou a captar, enquanto o irmão continuava lendo para sua irmã.

Posso prosseguir evocando cenas cotidianas de trabalho na oficina de Espantapájaros, aonde, como dizem as crianças, não vou para trabalhar, mas para brincar. Um ano mais tarde, tivemos de reconstruir, juntando traços infantis de sóis, de paisagens, de serpentes e de panteras, um livro sobre a África que ficara inacabado no projeto semestral e que as crianças de quatro anos resolveram deixar pronto para sua professora quando esta fosse libertada do sequestro. Ter de lhes dizer que a professora não viera dar aula porque uns senhores não a deixaram vir: a mesma história. E ouvir, mais uma vez, as frases das crianças: "Vamos resgatá-la com nossas espadas de brinquedo e, *pum*, matamos os maus".

De todas essas experiências se alimentam minhas colunas. Escrevi colunas no jornal — às vezes penso que estou condenada a escrever a mesma coluna, trocando nomes, simplesmente — sobre crianças que foram vítimas da violência. E, às vezes, nem sempre, apenas às vezes, essa violência também aparece nas histórias que escrevo para as crianças. *Los agujeros negros* [*Os buracos negros*], por exemplo, é um relato inspirado na história de dois investigadores que trabalham no instituto de direitos humanos no qual quis preencher os vazios para dar forma às perguntas de um menino de dois anos, protegido dentro de um armário onde sua mãe, no último instante de sua vida, conseguiu escondê-lo antes de ser assassinada, em meio a estrondos de bala.

Não é que eu me tenha proposto fazer essas coisas, muito menos que me tenha preparado para saber o que responder, nem que um dia tenha decidido inscrever-me em alguma corrente dessas que os escritores e críticos de gerações anteriores denominaram "literatura engajada". Na verdade, desconfio de todos esses rótulos e nunca soube o que dizer, nem o que ler, tampouco o que escrever nesses casos — ninguém sabe. E, todavia, coube-me, como a todo mundo, "fazer das tripas coração" e conformar-me com o melhor que posso, porque tive crianças ao meu lado: crianças destroçadas que acabaram de perder sua casa, seus pertences e seus seres amados, crianças às quais ninguém fala: às quais ninguém sabe o que dizer e nem pode dizer nada.

Atribulados, os adultos as mandam brincar no quintal, enquanto eles mesmos continuam conversando, como se seus pequenos não tivessem orelhas para ouvir, como se não fossem gente, apenas ursinhos de pelúcia. E de repente estou aqui, sentada diante de uma tela que treme e diz: *Atreva-se a escrever*. Ou, pior ainda, sentada no chão de uma biblioteca, diante desses olhos enormes que me fixam, estupefatos, pedindo-me um conto e mais outro, o último, "conta mais um". Pedindo-me palavras, pedindo-me linguagem. Então, bisbilhotando nessa grande bolsa de palavras da literatura universal, conto-lhes que havia ou houve uma vez, olho-os nos olhos, e teço as palavras... Sim, decididamente, isso me marcou, como me fez ver um amigo editor em Buenos Aires: "Reconhecem-se as colombianas de longe, pela forma como seguram a bolsa". E eu completei sua frase: "E também pela forma como seguramos nossas crianças, para que não se percam e que ninguém as roube. Para que não matem nossos filhos". O medo e a desconfiança — como negar? — são parte de minha carga genética.

E, entretanto, também há outras vozes que se acumulam na sucessão de tantos dias de brincadeira. Em tantos dias lendo e falando de livros, "lendo crianças", nesses interstícios, enquanto viramos as páginas de um livro.

– Sabe de uma coisa? Quando crescer vou ser a Branca de Neve, e meu irmãozinho, o príncipe.
– Ah, é? E eu? O que vou ser?
– Não, você já foi.

São mais de vinte anos lendo para eles, lendo-os, vendo-os ensaiar vozes e papéis dos grandes, enquanto me pedem contos, às vezes o mesmo, uma e mil vezes. Assim, entre livros, eu os vi crescer: de bebês a crianças e, depois, adolescentes, jovens... Enfim, a vida cotidiana de muitas crianças colombianas, ainda que em meio à guerra, não é muito diferente da vida de muitas crianças catalãs, espanholas, suecas ou brasileiras.

Porém, também é preciso dizer, muitas outras vezes a vida cotidiana não é assim. É preciso admitir que há outros papéis e outros cenários na Colômbia: outros modelos, outras imagens, outras versões de país, que muitas crianças embaralham, como se misturam na brincadeira e no sonho o que vivemos, o que vemos, o que somos. Digamos que as experiências da guerra e da violência engendram outros sonhos e criam outras referências para habitar o mundo e decifrá-lo — de repeti-lo? Digamos que há outros baús de disfarces e há outras caixas de ferramentas que muitas crianças colombianas recebem, com uniformes, botas, armas, munições e "jogos" para jogar a vida: a vida de pura verdade!

— *Quero ser paramilitar, como meu irmão. Os paracos[4] pagam um milhão de pesos para irmos com eles e, se a pessoa morre, dão o dinheiro para a família. Os guerrilheiros, não.*[5]

Digamos... vamos fazer de conta, assim dizem as crianças, que lhe entregam umas botas e um uniforme camuflado (não importa de qual grupo): um uniforme que fica grande, mas logo você vai crescer, até que a calça se transforme em uma calça de pescar siri. E, em vez de um galhinho para "brincar de disparar", lhe dão uma arma de verdade.

Digamos... que você tem onze anos, que sua única experiência de vida é a soma dos onze anos, e lhe prometem torná-lo poderoso: mais do que seu padrasto (que não voltará a lhe dar cascudos), mais do que seu professor, que o poderoso do bairro, que o marido de sua irmã.

---

4 *Paraco*: gíria que designa os paramilitares, força armada da Colômbia ligada aos narcotraficantes. [N.T.]

5 Os testemunhos que aparecem em itálico e os dados sobre as circunstâncias do recrutamento ilegal em diversas zonas do país foram tomados da *Cartografía de los Derechos de Niños, Niñas y Adolescentes*, elaborada pela Comisión Intersectorial para la Prevención del Reclutamiento y Utilización de Niños, Niñas y Adolescentes por Grupos Organizados al Margen de la Ley (Colômbia, 2009) e editados pela autora. [N.A.]

Digamos... que as armas lhe parecem atraentes porque você viu exemplos de outros garotos maiores — como admiramos os maiores do bairro! —, que deixaram de ser pobres com as armas.

Quanto mais peste você seja e quanto mais pessoas mate, mais respeito e dinheiro ganhará.

Como não acreditar, se quem o diz tem o dobro da experiência, e a experiência da vizinhança indica que é assim?

— Muito bem, garoto, que pontaria!
— E então, o que você quer ser? Distribuidor de drogas, membro da quadrilha, comerciante de armas, matador, paraco, guerrilheiro?

Fica difícil escolher. Você não tem experiência, não tem muitas outras referências nem modelos, não tem ninguém por perto, e eles o esperam na porta do colégio, na saída. E ninguém vê. Oferecem tênis de marca, um iPod, uma conversa... E não há ninguém mais que lhe pergunte se você prefere ser mágico, carpinteiro, cantor, jogador de futebol, cientista, astronauta, presidente, ator, escritor ou médico. Com tantas possibilidades nesse baú de disfarces e tantos jogos para jogar, não há muitas opções. Não ocorre a ninguém lhe perguntar se no dia de amanhã você vai querer ir à universidade ou conseguir uma bolsa de estudos. Não é que lhe digam: o que você prefere, desabrigado, prostituta, imigrante ilegal? Não lhe dizem, óbvio, não dizem com palavras, mas alguma coisa você precisa fazer para viver. E você sabe que há outros que triunfaram. Você os vê com tênis Nike, com suas motos. E depois com suas caminhonetes e, depois, não os vê mais: desaparecem.

> *¿Y qué oficio le pondremos? Materile, rile, ro.*
> *Lo pondremos de guerrillero, materile, rile, ro.*
> *Ese oficio no nos gusta, materile, rile, ro.*
> *Lo pondremos de paraco, materile, rile, ro.*[6]

Lembram-se dessa brincadeira? Era uma dessas brincadeiras de pátio de colégio de que quase ninguém brinca; como *el puente está quebrado* [a ponte caiu]: tenho certeza de que dessa todos se lembram. Quando alguém caía da ponte, perguntavam-lhe que fruta

---

6 E que ofício lhe daremos? Materile, rile, ro./ Daremos de guerrilheiro, materile, rile, ro./ Desse ofício não gostamos, materile, rile, ro./ Então o faremos de paraco, materile, rile, ro. [N.T.]

preferia: banana ou abacate? E se formavam dois grupos. Ao final, havia uma disputa de força entre "Os Bananas" e "Os Abacates", como ocorre nas quadrilhas de verdade, que têm esses nomes: bananas e abacates — e quero que percebam a linguagem, pois não é aleatório que seja tão "infantil", tão esquemática. A diferença entre essa brincadeira e esses grupos é que a disputa do mais forte se faz por meio de bala de verdade, e não há ressurreição. Além disso, também não é tão simples como escolher Os Bananas ou Os Abacates, porque são muitos mais: pode haver um irmão *paraco* e outro das Farc,[7] outro de uma *bacrim*[8] e outro ainda que presta serviço militar no Exército... e todos são irmãos, primos ou vizinhos: todos da mesma família, metidos em uma guerra que não escolheram, que não lhes pertence. Como quem entra em uma partida que vai para o segundo tempo sem conhecer o dono da bola nem saber por que acabou jogando nesse time... e não em outro, se em qualquer deles, no fundo, dá no mesmo. Ainda que se tenha de matar, às vezes, o próprio irmão.

---

7 Forças Armadas Revolucionárias da Colômbia (FARC). [N.E.]
8 *Bandas criminales emergentes* (Grupos criminais emergentes). [N.T.]

[...] *Um dia, eu e meu amigo íamos pela estrada da vereda e vinham as Farc. Nos montaram em uns burros, nos amarraram e nos levaram com eles. Eu não conseguia parar de chorar, estava cheio de medo. Quando paramos, depois de muitas horas, eles nos colocaram para atirar. Eu não quis, nem pude; continuava chorando, e eles me insultavam. Nos montaram nos burros. Enquanto desamarravam os burros da estaca, senti que poderia fugir, então saltei do burro antes que me amarrassem e saí correndo. Um pouco adiante, ouvi uns tiros; depois soubemos que mataram meu amigo: creio que morreu porque me deixou escapar. Minha mãe ficou muito triste e muito nervosa e decidiu que fôssemos embora dali... Então nos trouxe, a mim e a meus irmãos, para Bogotá. Perdemos a propriedade rural, tudo o que tínhamos semeado e os animais.*
[...] *Como me senti? Ninguém nunca tinha me perguntado. Nem em casa nem na escola, nem na daqui nem na de lá. Minha mãe disse que é melhor não falar disso: que o melhor é esquecer. No começo não queria dormir sozinho. Bom, nem mesmo dormir, mas o medo já está me deixando e só me dá dor de estômago quando vejo sujeitos armados ou patrulhas ou helicópteros. Não importa se são soldados: para mim tanto faz o bando. É uma dor aqui. Não sei se isto é o estômago ou o coração, mas o coração é mais pra cima, não? Ninguém tinha me perguntado se me dói, disso não se fala. Eu sou o mais velho; mataram meu pai, não sei quem, porque eu era muito pequeno e minha mãe também não fala disso. A única coisa que diz é que agora sou o homem da casa. Há muitos como*

eu. Deixam o colégio porque precisam trabalhar, porque ficaram sós, porque não têm pai e têm que ser o homem da casa.

"O homem da casa", com essa voz de criança! Ninguém pergunta o que sente. Ninguém parece ter tempo nem ânimo para ouvir essas histórias que começam como os contos tradicionais, com esta fórmula de entrada: "Há muito tempo", que também têm números mágicos: sete cabritos, sete pássaros negros, sete irmãos... e que também, como nos velhos contos, se transformam de repente quando um monstro, um ogro ou um lobo irrompe na cena. A diferença é que os contos têm final feliz, e esses relatos, não.

Qualquer um poderia fazer a típica pergunta que fazem as crianças quando se assustam com os contos: "Mas isso não *acontecia* de verdade, não é?"... Quando se diz *há muito tempo*, já sabemos que é um conto, não?.

Pois não. Infelizmente, sim, ocorreu — e continua ocorrendo — na Vida Real.

Há muito tempo, na cidade de Villavicencio, vivia uma família formada por setes crianças e dois adultos. Os pais ganhavam a vida trabalhando a terra para manter os sete filhos. Uma noite chegaram Las Águilas Negras [Águias Negras] dizendo-lhes, a mão armada, que desocupassem suas terras. De repente, a família começou a chorar e a chorar, rogando-lhes que não lhes fizessem mal. Mas eles, com seu coração de pedra, assassinaram o pai das crianças. E depois os abandonaram sem nenhuma consideração.

A Colômbia está cheia de histórias como essas e os narradores que hoje cito também são seus protagonistas. Seus relatos parecem fantásticos e tão tenebrosos como o Patasola, o Mohan e a Llorona.[9] Mas Las Águilas Negras [Águias Negras], La Mano Negra [Mão Negra] e Los Limpiacasa [Limpa-Casas] — observem novamente os nomes de lendas — existem de verdade e assustam as crianças pela noite, para que não saiam, como aquelas aparições assustavam os que andavam sozinhos pelo campo: "As crianças boas se deitam às nove da noite; as más, nós mesmos as deitamos". "Se seu filho é bom, deite-o cedo; se seu filho é mau, compre-lhe um caixão", dizem os panfletos distribuídos durante a noite sob as portas de muitos bairros de cidades colombinas. "Limpeza social", chama-se esse trabalho: notem o que circula na linguagem. Às vezes se desculpam por estarem "combatendo a violência com violência", e outras vezes

---

9 Patasola, Mohan e Llorona [Chorona], mitos da tradição oral colombiana. [N.T.]

incluem listas com nomes próprios para adverti-los que se cuidem... ou que desapareçam, antes que desapareçam com eles.

Digamos que muitas crianças como essas têm o álibi perfeito para entrar em um grupo ilegal. Embora as cifras não sejam claras, fala-se de cerca de onze mil a catorze mil menores de idade recrutados por grupos armados ilegais, com uma média etária de doze anos! Para esses garotos, seu lar e seu bairro são tão inseguros, por maus-tratos, abuso sexual, miséria ou abandono, que o grupo armado se transforma em opção de vida. Os testemunhos falam como as armas e os uniformes lhes dão um sentido de pertencimento, assim como para outras crianças dessa idade, para os quais é tão importante o aspecto gregário, lhes dá sentido de pertencimento ser do time de futebol do colégio ou usar a camiseta de um time. (Não se esqueçam de que os recrutam aos doze anos). Ao passo que, para as meninas, "engravidar de um matador"[10] é sinônimo de proteção, e muitas meninas maltratadas e abusadas em casa escolhem essa opção. E muitas dessas crianças, elas mesmas relatam, dizem que não

---

10 No original, *embarazarse de un matón*, expressão idiomática popular que significa, literalmente, "engravidar de um matador". [N.E.]

foram obrigadas, decidiram voluntariamente. "Voluntariamente", como quem escolhe uma opção de vida. Como outros pré-adolescentes entram em um grupo de esportes radicais, em uma banda de rock, em um grupo de teatro do colégio, em uma oficina de literatura de uma biblioteca, em um momento no qual pertencer a algo, a um grupo, ter um uniforme, ter uma referência de autoridade, ainda que seja um chefe primitivo de manada, e ter algumas referências compartilhadas, tudo isso ajuda a construir a identidade... "Os que foram, foram por vontade própria, porque tinham necessidades" — disseram as crianças entrevistadas. Seria essa uma definição de "vontade"?

Seria obviamente esquemático dizer que todos os relatos das crianças colombianas são assim. Seria um estereótipo reduzir a Colômbia a esses fragmentos e ignorar os recursos interiores de tantas crianças e tantas famílias que se sobrepõem aos riscos e às circunstâncias mais difíceis e continuam estudando, brincando, rindo, lendo e inventando outro papéis, outras histórias, inventando para si a vida, ao lado de adultos que as acolhem e as protegem. Mas nem todos somos fortes, ou não o somos o tempo todo. Fortes e frágeis, a maioria. Gente comum e corriqueira, quase sempre, quase todos.

Digamos: vamos brincar de papai e mamãe, que é uma das brincadeiras favoritas de todas as infâncias do mundo: "Uma guerrilheira e um paramilitar se casam e têm filhos. De que bando eles serão?".

Esse é um relato escrito a muitas mãos, por atores armados — note-se a linguagem — na Colômbia: uma experiência de medo, de vingança e de dor que se recolhe e se alimenta e se reescreve na página seguinte. E por quanto mais tempo essas histórias se repitam, quanto mais se prolonguem no tempo, uma geração engendrará outra e outra e ainda outra, assim sucessivamente.

É claro que a vida não é indolor. Nem em tempos de paz nem em tempos de guerra, e acompanhar o crescimento das crianças tem a ver com um aprendizado da dor. Porém, como ensinar-lhes a lidar com a dor? Como identificar quando não há nada mais ao redor: apenas dor? Como lhes dizer *você já foi* aos três, aos sete, aos dez, aos doze, aos catorze, aos dezoito?

Por acaso não é possível escrever outros roteiros diferentes do *já foi*? Se sabemos que é impossível apagar tudo, há algum ponto em que seja possível voltar a começar?

Nesse ponto do relato surge a literatura, mas não como um corpus de livros e de autores, nem como uma estratégia mecânica de promoção de leitura, senão em seu vasto sentido cultural: como uma rede de símbolos que foi construída por grupos humanos durante muito tempo e armada com linguagens — gosto desse plural intencional: "linguagens" — para fazer um contraponto a essa cultura delinquente, a essa cultura das vias de fato: o único modelo, a única narrativa para tantas de nossas crianças. Diante do coquetel de narcotráfico, mulheres, armas, drogas e jogos de poder que circula pelo bairro e pela televisão — as séries de narcotraficantes são uma narrativa de sucesso com as quais as produtoras colombianas lucram e que valeria a pena estudar —, a literatura e a arte poderiam mostrar outras opções para mudar esse libreto único, para inventar outros papéis. Estou pensando em outra narrativa: em outra urdidura simbólica que permita vislumbrar outros relatos de país, outros mundos possíveis, outras maneiras de tramitar os conflitos, outros projetos de vida, outras maneiras de sonhar, de "ganhar a vida", no sentido que cada um outorgue a esse vocábulo. Uma dobradiça por onde se possa colher um resquício de luz e na qual seja possível articular o emocional e o racional, o dado e o que ainda está por se inventar, o meu, o seu e o nosso, a vida, a morte e tudo o que pode haver na metade. Outros matizes e cores, para contrastar com um mundo em preto e branco, um mundo sem opções: ou você mata ou matam você. Dar voz, rosto e sentido a outros relatos de país, para além dos estereótipos, e vislumbrar a força das leituras e das escrituras, como forma de propiciar outras conversações, como forma de entender o que mais dói e o que se pode, apesar de tudo, reelaborar "na linguagem". Porque uma cultura, toda cultura, inclusive a delinquente, é uma construção fabricada com a linguagem.

O que se quis deixar ressoando nestas páginas é que essas vozes tantas vezes inaudíveis que citei aqui são, apesar de tudo, antes de tudo e diante de tudo, vozes de seres humanos como nós: com corpo, nome, sobrenome, sinais particulares, histórias, afetos, sonhos e temores. O fato de englobá-los sob rótulos como abandonados, desvinculados ou imigrantes, pois alguns deles fogem do conflito e se transformam em imigrantes ilegais, não pode nos fazer esquecer um fato simples: são gente. Tão vulnerável como somos todos os humanos e, ao mesmo tempo, tão complexa e cheia de possibilidades como todos nós também somos, especialmente durante a infância e a adolescência. E embora muitos de seus relatos sejam tristes e terríveis, nenhum terminou de ser inventado. Nisso consiste, justamente, o reino da infância: *digamos* que estamos, entretanto, situados diante do Reino da Possibilidade. Mas não por muito tempo. A infância acaba rapidíssimo.

Abrir as portas do Reino da Possibilidade, não como uma "possibilidade" ingênua ou fantasiosa, mas como a mescla incerta entre o dado e o que se está por construir, por inventar, é, provavelmente, uma das razões poderosas que nos move, não digo a mim, mas a muitas pessoas que trabalham lendo e escrevendo junto às crianças, para elas, sobre elas. E não é por acaso que as bibliotecas públicas da Colômbia são vistas como espaços de prevenção, de contenção, como uma possibilidade de ensaiar outros discursos. Todavia, aí também se escondem uma armadilha e um desafio. Uma armadilha porque não é suficiente corrigir os espaços simbólicos sem mudar a realidade, e por isso desconfio desses enfoques que conferem certo valor messiânico à promoção da leitura e que delegam às bibliotecas uma transformação de nossas condições de iniquidade e de injustiça que são inadmissíveis e que competem ao Estado. E um desafio porque o enfoque da biblioteca deve ser pensado a partir de uma perspectiva mais global e mais abrangente, que reúna as ações culturais, não apenas de fomento de leitura, e que envolva a escola em um projeto educativo de longo prazo para mudar não só a cultura da infância, mas para dar oportunidades reais de desenvolvimento humano e social.

Dentro desse enfoque, a literatura pode ajudar essas crianças e esses jovens a escutarem sua própria voz, em meio ao concerto de vozes, nos interstícios das páginas, e auxiliá-los a esquadrinhar, na polifonia de relatos, daqui, de lá, de longe e de perto, algum resquício onde seja possível agregar uma palavra nova, um novo sentido, uma emoção, um dado inadvertido.

Um dado inadvertido? Talvez a necessidade de passar a vida pelo crivo das palavras para se aventurar em outros sentidos. A necessidade de lamber as feridas com palavras.

Especialmente nos tempos difíceis, a literatura ajuda a processar aquilo que não se pode suportar na vida real e permite ir avançando lentamente na interpretação: aventurar-se mais longe, mais longe, ou, como dizem os heróis midiáticos das crianças, "ao infinito e além". Estou falando de um campo onde a linguagem está sendo construída. Estou falando do poder da literatura para rebobinar a vida, como a rebobinamos nos sonhos, para contarmos algo sobre nós mesmos que não é fácil ver em horas de vigília, que tem de ser decantado por outros caminhos: no mundo simbólico. Ou, como diria Evelio Cabrejo,[11] no seminário Conversas ao Pé da Página, realizado em São Paulo, em maio de 2011, "a literatura é o pulmão da psique, na medida em que a deixa respirar de outra maneira".

Se quis intercalar à minha escrita os relatos das crianças, não o fiz para vitimá-las, mas porque acalento a esperança de que as ações culturais — que são muito mais que atividades esporádicas de promoção de leitura — sejam uma janela para nos aventurarmos na possibilidade, ou, melhor dizendo, no direito de dar significado à experiência humana. Pois, no fundo, é disso que tratam a cultura e a literatura: de uma tentativa gregária de acolher a experiência humana e decantá-la nessa *linguagem-outra* que é a linguagem dos símbolos. Se os relatos dessas crianças dão conta não apenas de fatos tangíveis, mas também expressam medo, dor, afeto e amizade, é porque não só podem como necessitam com urgência ser alfabetizados nesse *idioma-outro*, nessa língua franca que acolhe as emoções que nos conectam a todos.

---

11 Evelio Cabrejo Parra, psicanalista e linguista colombiano, radicado na França. [N.E.]

Um diálogo interior com o melhor e o pior de nossa condição humana para dizer as coisas de outra maneira, de mil maneiras, e fazê-las compreensíveis e enfrentar a incessante tarefa humana de construir significado. Se nossa vida é uma sucessão de gestos que outros inauguraram e que nós repetimos, transformamos, dotamos de sentido, talvez, ao oferecer o que ler, possamos dar a cada criança, para que cada uma monte — sabe-se lá de que textos cada um necessita — uma caixa de ferramentas que a ajude na tarefa de inventar sua própria vida, entre o dado e o possível. (E, quem sabe, com algo de impossível, com algo de utopia.)

Se é bem verdade que as palavras não curam feridas físicas nem podem devolver as páginas da história para inventar finais menos tristes, seus poderes simbólicos nos acolhem em tempos difíceis, para deixar passar a dor e fazê-la suportável. Os livros não mentem nem mudam de tema para nos distrair; não nos mandam brincar quando temos vontade de chorar, nem batem a porta no nosso nariz. Fazem, apenas, nos "co-mover": nos dão a permissão de sentir com os outros, nos emprestam a experiência, a longa experiência da espécie para que possamos ver como outros viveram: como se viraram para viver, como se defrontaram com situações que, no fundo, são tão pouco originais, tão humanas. Por seu poder de explorar o melhor e o pior de nossa condição, a literatura nos traz outras notícias, do fundo de nós mesmos, e nos conecta com sentimentos que todos compartilhamos, sem importar de que lado do muro estamos, de que lado do oceano. Essa experiência imaginária de viver na pele dos outros, essa experiência vicária — ser parte de um conglomerado humano que intercambia e arrisca sentido na linguagem —, pode ser o começo de uma longa conversação com as crianças, que tanto estão precisando de outras versões, distintas das que reproduzem diariamente as notícias. Outros projetos de vida e outras referências para inventar seus sonhos. Porque os sonhos também se nutrem, se alimentam.

Ler e escrever, de certa forma, mantêm viva essa ilusão, a mesma que têm os pequenos quando brincam de rebobinar os fatos e mesclá-los e reinventá-los a cada vez. Tudo o que tenho guardado talvez ajude a explicar por que não saltam coelhinhos das páginas que escrevo para crianças e dos livros que leio para elas. Talvez elas e eu tenhamos perdido a inocência. Talvez eu trate de falar com elas da maneira como gostaria que tivessem falado comigo. E talvez por isso escreva para elas, sobre elas.

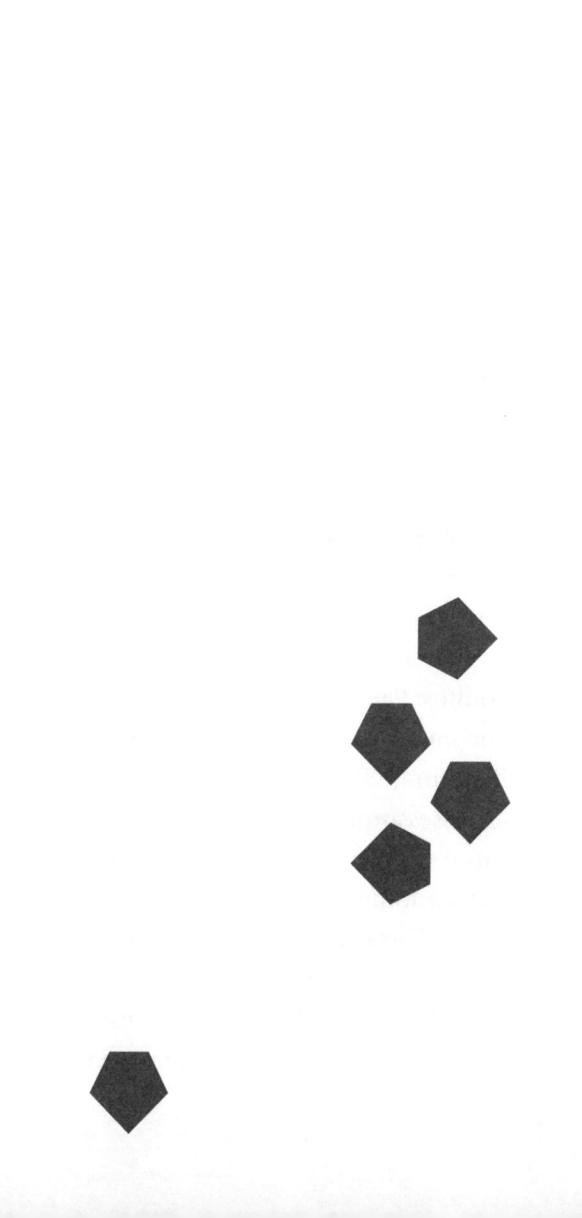

SOBRE A AUTORA

Yolanda Reyes nasceu e vive na Colômbia, na cidade de Bogotá. Licenciada em Ciências da Educação, com especialização em Literatura, concluiu seus estudos de pós-graduação em Língua y Literatura Espanhola no "Instituto de Cooperación Iberamericana", em Madri.

É fundadora e diretora do Instituto Espantapájaros, um projeto cultural de formação de leitores, dirigido não só às crianças, como também a mediadores e adultos. Participa ativamente como conferencista de encontros nacionais e internacionais sobre leitura, literatura e formação de leitores.

Assessorou instituições e participou da organização e da concepção de projetos e eventos destinados ao fomento à leitura como do Centro Regional para o Fomento do Livro na América Latina e Caribe (CERLALC), na formação da Mesa de Leitura "Colômbia pela Primeira Infância" e do Instituto Colombiano do Bem-estar Familiar (ICBF) no projeto "A Festa da

Leitura". Colaborou com a Secretaria de Integração Social de Bogotá no esboço do projeto pedagógico para a primeira infância.

É autora de inúmeros artigos sobre literatura para crianças e jovens, publicados em diversas revistas colombianas. No Brasil, escreve com assiduidade para a *Revista Emília*. Por sua coluna "O DNA da Colômbia" [El ADN de Colombia], no jornal *El Tiempo*, de Bogotá, obteve a Menção Especial no Prêmio Simón Bolívar de Jornalismo, em 2009.

Ministra o curso "Escribir para niños" no "Máster a Distancia en Libros y Literatura de la Universidad Autónoma de Barcelona" e "Banco del Libro de Venezuela".

Muitos de seus livros receberam importantes prêmios em seu país e no exterior. Algumas obras foram publicadas no Brasil, como:

› *Frida, Um amor grande demais, É terminantemente proibido, A pior hora do dia, Saber perder,* e *Terça-Feira: 5ª aula.* São Paulo, FTD, 1997.
› *A casa imaginária: leitura e literatura na primeira infância.* São Paulo, Global, 2010.
› *Um conto que não é reconto.* São Paulo, Mercuryo Jovem, 2008.

Esta obra recebeu
o selo Altamente
Recomendável pela
FNLIJ – Fundação
Nacional do Livro
Infantil e Juvenil,
em 2013.